Peter Wust

# Ein Abschiedswort

# Edition Peter Wust

Schriftenreihe der
Peter-Wust-Gesellschaft

Beihefte

herausgegeben von

Herbert Hoffmann und Werner Schüßler

Band 1

LIT

Peter Wust

# EIN ABSCHIEDSWORT

Neu herausgegeben
im Auftrag der Peter-Wust-Gesellschaft von
Herbert Hoffmann und Werner Schüßler

Nachwort von Werner Schüßler

LIT

Umschlagbild: Peter-Wust-Gesellschaft

**Bibliografische Information der Deutschen Nationalbibliothek**
Die Deutsche Nationalbibliothek verzeichnet diese Publikation in der Deutschen Nationalbibliografie; detaillierte bibliografische Daten sind im Internet über http://dnb.d-nb.de abrufbar.

ISBN 978-3-8258-0698-9



Auslieferung/Verlagskontakt:
Fresnostr. 2 48159 Münster
Tel. +49 (0)251–62 03 20 Fax +49 (0)251–23 19 72
e-Mail: lit@lit-verlag.de http://www.lit-verlag.de

# Vorwort

Am 18. Dezember 1939, bereits den herannahenden Tod vor Augen, schreibt der saarländische Philosoph Peter Wust, seit 1930 als Professor in Münster tätig, auf Veranlassung seiner Studentinnen und Studenten an diese ein „Abschiedswort". Dieser erschütternde Brief, der, wie Wilhelm Vernekohl schreibt, „in Tausenden von Exemplaren in die Schützengräben des zweiten Weltkrieges [ging], bis die Gestapo am 29. September 1942 die 4. Auflage beschlagnahmte" (Peter Wust, Gesammelte Werke, hrsg. von W. Vernekohl, Bd. 8, Münster 1967, S. 75f.), macht das Ringen des Denkers um das Problem „Glaube und Vernunft" deutlich. Nicht die Reflexion, sondern das Gebet empfiehlt er hier als „Zauberschlüssel", „der einem das letzte Tor zur Weisheit des Lebens erschließen könne".

Dieses Wort wurde immer wieder – zustimmend oder ablehnend – aufgegriffen und zitiert. Dabei darf aber nicht vergessen werden, dass es sich hierbei zuerst einmal um das Bekenntnis des *Menschen* Peter Wust handelt und dass auch dieses Wort nicht im Sinne eines unversöhnlichen Gegensatzes von Glaube und Vernunft gelesen werden darf. Denn Glaube und Vernunft, das macht auch das Nachwort von Werner Schüßler ausdrücklich deutlich, sind für Peter Wust notwendig aufeinander bezogen und keine sich ausschließenden Gegensätze.

Da das „Abschiedswort" seit geraumer Zeit vergriffen ist, hat sich die Peter-Wust-Gesellschaft für eine Neuherausgabe dieses wichtigen Textes entschlossen. Dieser Neuherausgabe liegt der Erstdruck von 1940 (Verlag Regensberg Münster) zugrunde.

Trier, im März 2007

*Herbert Hoffmann*
*Präsident der*
*Peter-Wust-Gesellschaft*

# Inhalt

# Peter Wust

## Ein Abschiedswort

Münster, den 18. Dezember 1939.

Meine lieben Schüler!

Bereits am 16. Februar dieses Jahres habe ich mich nach der Morgenvorlesung von Ihnen auf dem Katheder verabschiedet. Eine dunkle Ahnung sagte mir damals, daß es das *letzte Mal* gewesen sei, wo ich zu Ihnen sprechen durfte.

Es kamen dann die schweren Leiden und die tiefen Dunkelheiten der mir von Gott geschenkten Krankheit. Es kam alles, wie es kommen sollte nach dem Erziehungsplan der göttlichen Weisheit und Liebe.

In den letzten Monaten sind nun mehrfach Wünsche aus dem Schülerkreise an mich herangekommen, ich möchte doch noch ein paar Worte *zum Abschied*, zum *letzten* Abschied, an Sie richten. Da meine Kräfte sich bereits sehr vermindert haben, ist es freilich für mich schwer geworden, mich zu einem solchen „Schlußwort" aufzuraffen. Es kann auch nicht viel sein, was ich Ihnen noch zu sagen versuche. Aber es soll soviel sein, daß Sie daran die Liebe erkennen werden, in der ich mit Ihnen seit neun Jahren verbunden war und bis heute verbunden bin.

Zunächst danke ich Ihnen, *alle* meine lieben Schüler und Schülerinnen (denn nicht nur die Herren der Theologie sind es, an die ich mich wende, sondern die Schüler aller Fakultäten), für die stetige Treue und Liebe und Anhänglichkeit, mit der Sie mich in allen diesen Jahren meiner Münsterer Lehrtätigkeit beglückt haben. Ich werde Ihnen diese Treue von jenseits des Grabes her zu vergelten suchen, sobald ich einmal den Kampf überstanden habe.

*Noch* lebe ich hier ganz im *Advent*, und vorab also müssen *Sie*, meine lieben Schüler und Schülerinnen, für mich um Kraft und Beharrlichkeit bitten. Denn ich bin ganz Opfer des Leidens, wie es der ewige Vater für mich bestimmt.

Aber freilich, ich finde es manchmal besonders beglückend, daß meine eigene Adventszeit dieses Mal so schön mit der allgemeinen Adventszeit der Kirche zusammenfällt. Und auch *der* Gedanke ist trostvoll, daß wir zugleich die schärfste Etappe der *großen abendländischen Adventszeit* erleben, die große, tief sinnvolle Heimsuchung Europas, sich nach dem Fehlschlag der Aufklärung noch einmal zurückzubesinnen auf das schlichte Erbe von Bethlehem: „Et in terra *pax* hominibus bonae voluntatis."

„Metanoeite" – das ist der Ruf, der seit den Tagen Napoleons immer lauter unter der europäischen Intelligenz erklingt. „Metanoeite" – dieser Ruf zieht sich durch das gesamte 19. Jahrhundert hindurch und verstärkt sich im 20. Jahrhundert bis zum Kanonendonner der beiden großen Kriege.

Mit immer größerem Erstaunen wird man beim Rückblick auf die letzten 150 Jahre erfüllt, wenn man sieht, wie erst einige wenige Geistesgestalten, dann aber immer größere Schichten der Intelligenz des Abendlandes die Tatsache zu wittern beginnen, daß die *Zeit ohne Christus* im letzten nicht jene Freiheit gebracht hat, die so manche sich von ihr versprochen hatten.

Eine gewisse Unseligkeit beginnt sich auf den Zügen dieser Intelligenz anzukündigen, und was diese Unseligkeit andeutet, das liegt alles beschlossen in dem tiefen Wort, das Augustinus einmal, ganz von der eigenen Erfahrung bestimmt, in den „Confessiones“ geprägt hat.

> „Iussisti enim, deus, ut sibi ipse sit sua poena omnis inordinatus animus.“
> „Du hast es so geordnet, o Gott, daß sich selbst zur Strafe wird ein jeder ungeordnete Geist.“

Die Intelligenz des Abendlandes bestätigt, ohne es zu wollen, in den schweren Geisteskämpfen des 19. und 20. Jahrhunderts diesen tiefen, erschüttend tiefen Gedanken Augustins.

Eine ganze Schar von *Scheiternden* wird seit der Romantik in Europa sichtbar, und die Zahl dieser scheiternden Intelligenzen mehrt sich, je näher wir herankommen an die Schwelle unserer Zeit. Diese Scheiternden aber scheitern alle an dem Problem „Gott und Geist“, sei es nun, daß sie am Geiste und an Gott zugleich verzweifeln und so schließlich *an Gott selbst* scheitern, oder sei es, daß sie schließlich, die Ohnmacht des irdischen Geistes erkennend, sich so oder so in die Arme Gottes werfen. Nietzsche kann als Repräsentant der ersten Gruppe dienen, soweit *wir* seine Laufbahn verfolgen können. Kierkegaard gehört zu den Repräsentanten der zweiten Gruppe. Es kommt deshalb auch nicht von ungefähr, daß gerade der *Begriff des Scheiterns* in der Philosophie der Gegenwart eine so große Rolle spielt, und zwar in der schwer durchschaubaren Doppelsinnigkeit, in der er zwischen den beiden Gruppen der *an Gott* oder *in Gott hinein* Scheiternden hin- und herspielt.

*Adventsgedanken* also sind es, wie Sie sahen, die mich in den letzten Wochen, besonders in den langen schlaflosen Leidensnächten, von Grund auf erfüllen: Adventsgedanken als das tiefdringende „*Metanoeite*", das seit den Tagen des alternden Goethe, seit den Tagen des Hölderlin und des Novalis und des Heinrich von Kleist, bis in unsere Gegenwart hinein, bis zu Heidegger und Jaspers und Karl Barth, die tiefer erlebenden Geister von inner her zu einer *großen Wende des Daseins* aufgerufen hat.

*Adventsgedanken* aber erlebe ich auch hier auf meinem Leidenslager in dem Sinne der *Freude an der Erfülltheit* dessen, was in dem „Metanoeite" als Gegenstand letzter Sehnsucht verborgen ist. Es *ist* ja schon da, meine lieben Schüler, wonach wir alle so sehnsuchtsvoll suchen.

> „*Apparuit* benignitas et humanitas *salvatoris* nostri."

Ich bin dem lieben Gott in meiner jetzigen Leidenszeit für zwei Dinge besonders dankbar.

1. Dafür, daß er mir immer deutlicher in meinem Leben die Wahrheit dessen, was es um *Christus* ist, hat sichtbar werden lassen.

2. Daß er mir auf dem Katheder in den neun Jahren meiner Münsterer Lehrtätigkeit die Kraft und die große Gnade verliehen hat, diese Wahrheit auch *in aller Öffentlichkeit* zu *bekennen*. Dieses Bekenntnis war, ich weiß es, oft sehr schwer, weil es gefahrvoll war. Aber: Ich habe auf die Gnade hin alles gewagt, und ich weiß jetzt: „Non confundar in aeternum."

Und wenn Sie mich nun noch fragen sollten, bevor ich jetzt gehe und endgültig gehe, ob ich nicht einen Zauberschlüssel kenne, der einem das letzte Tor zur Weisheit des Lebens erschließen könne, dann würde ich Ihnen antworten: „Jawohl“. – Und zwar *ist* dieser Zauberschlüssel *nicht die Reflexion*, wie Sie es von einem Philosophen vielleicht erwarten möchten, sondern das *Gebet*. Das Gebet, als letzte Hingabe gefaßt, macht still, macht kindlich, macht objektiv. Ein Mensch wächst für mich in dem Maße immer tiefer hinein in den Raum der Humanität (– nicht des Humanismus –), wie er zu beten imstande ist, wofern nur das *rechte Beten* gemeint ist. Gebet kennzeichnet alle letzte „humilitas“ des Geistes. Die großen Dinge des Daseins werden nur den betenden Geistern geschenkt. Beten lernen aber kann man am besten im *Leiden*. ... Lesen Sie nach, was Seuse im Büchlein von der „göttlichen Weisheit“ (1. Teil, 13. Kap.) über den Adel des zeitlichen Leidens sagt und seinen Zusammenhang mit dem Gebet. –

Damit aber will ich mein „Schlußwort“ schließen, meine lieben Schüler und Schülerinnen. Vielleicht darf ich noch einmal mit Ihnen in dieser Welt Weihnachten feiern. Beten Sie also in diesen kommenden Tagen noch einmal in ganz besonderer Weise für mich.

Ich wünsche Ihnen allen alles Gute für Ihre Zukunft.

Und nun grüße ich Sie herzlichst noch einmal mit einem kindlich frohen:

Auf Wiedersehen!

Ihr ergebenster

## Anmerkungen der Herausgeber

Dieser Neuherausgabe des „Abschiedswortes" von Peter Wust liegt der Sonderdruck zugrunde, der 1940 im Verlag Regensberg in Münster erschienen ist (mit einem Bildnis Peter Wusts) und der den Titel trägt „Peter Wust: Ein Abschiedswort". – Der Abdruck des „Abschiedswortes" in der Zeitschrift „Schönere Zukunft" (Jg. 15, 28. April 1940, Nr. 31/32, 361-362) mit dem Titel „† Univ.-Prof. Dr. Peter Wust: Letzte Abschiedsgrüße an die Schüler" weist gegenüber dem Sonderdruck von 1940 eine ganze Reihe von Fehlern sowie Auslassungen auf. – Auch der Wiederabdruck in den „Gesammelten Werken" Peter Wusts (hrsg. von Wilhelm Vernekohl, Bd. VII, Münster 1966, 336-340) weist gegenüber dem Sonderdruck von 1940 Fehler auf; das Gleiche gilt auch für die 13. Auflage des „Abschiedswortes" von 1998 (Verlag Regensberg Münster).

Zu S. 10, Z. 19f.: Aus dem „Gloria": „Und Friede auf Erden den Menschen, die guten Willens sind."

Zu S. 10, Z. 21: metanoeite (griech.): Imperativ Pl. von: metanoein = umdenken, seinen Sinn ändern: „Ändert Euren Sinn!" Oder: „Kehrt um!"

Zu S. 11, Z. 7f.: Vgl. Augustinus, Confessiones I 12,19: „Iussisti enim et sic est, ut poena sua sibi sit omnis inordinatus animus." „Denn so hast du es befohlen, und so geschieht es: Jeder ungeordnete Geist wird sich selbst zur Strafe."

Zu S. 11, Z. 28f.: Der Begriff des Scheiterns ist eine zentrale Kategorie im Denken von Karl Jaspers. Vgl. dazu bes. K. Jaspers, Philosophie, Bd. 3: Metaphysik, Heidelberg 1932, 219ff.: „Verschwinden von Dasein und Existenz als entscheidende Chiffre der Transzendenz (Sein im Scheitern)".

Zu S. 12, Z. 17f.: „Es ist erschienen die Güte und Menschenliebe unseres Retters." Vgl. Titusbrief 3,4 (Vulgata): „Cum autem benignitas, et humanitas apparuit Salvatoris nostri Dei ..." „Als aber die Güte und Menschenliebe Gottes unseres Retters erschien ..."

Zu S. 12, Z. 30: Aus dem „Te Deum": „Nicht werde ich zuschanden werden in Ewigkeit."

Zu S. 12, Z. 31 - S. 13, Z. 13: Vgl. dazu, was Clemens August Kardinal von Galen kurz nach dem Tode Wusts in einem Hirtenwort, das er an die Jugend seiner Diözese gerichtet hat, u.a. schreibt (vgl. Kirchliches Amtsblatt für die Diözese Münster, Nr. 12 vom 15. Mai 1940; zitiert nach Peter Wust, Gesammelte Werke, hrsg. von Wilhelm Vernekohl, Bd. VIII, Münster 1967, 80f.): „Wenige Tag nach Ostern, am

3. April dieses Jahres, starb hier in Münster ein weltbekannter Gelehrter von höchstem Ansehen in der wissenschaftlichen Welt, der Universitätsprofessor Dr. Peter Wust, im Alter von 56 Jahren. Prof. Wust war nicht Theologe und Priester, sondern Laie und Familienvater. Und doch hat er als Mensch und Gelehrter priesterlich, ja apostolisch gewirkt, durch sein offenes Bekenntnis zu Christus und für die Wahrheit des katholischen Glaubens. Einige Zeit vor seinem Tode kam Herr Prof. Wust zu mir. Er wußte, daß die Krankheit, die ihn befallen hatte, unheilbar war, und daß er einem baldigen Tode entgegenging. Ich habe mir damals gleich nach seinem Weggang aufgeschrieben, was Prof. Dr. Wust zu mir gesprochen hatte. Er sagte mir: ‚Im Bewußtsein, daß ich unheilbar krank bin und einem baldigen Tode entgegengehe, möchte ich Abschied nehmen. Ich möchte es aussprechen, daß ich trotz vorkommender Augenblicke tiefster Angst vor dem bevorstehenden Tode im innersten Herzen glücklich bin und voll Dank gegen Gott das ‚Te deum‘ singe. Ich habe solches Glück nicht verdient; ich verdanke es wohl vor allem dem Gebet meines seligen Vaters, daß ich zur Wahrheit zurückgefunden und jetzt das Glück habe, durch diese Leidenszeit mich für den Eintritt in die Ewigkeit zu läutern. Mein Vater war nur ein ganz einfacher Mann, ein kleiner Bauer, aber in seiner restlosen Hingabe an Gott durch sein ganzes Leben und Arbeiten, bei Tag und Nacht, steht er turmhoch über mir. – Es gab eine Zeit meines Lebens, da war ich ein Ungläubiger. Aber seit vielen Jahren habe ich es wieder erkannt und weiß ich, daß Christus und sein Evangelium die absolute Wahrheit ist. ... Wenn ich als Lehrer der Philosophie noch ein letztes Wort aussprechen darf, so sei es dieses: ‚Forschen ohne Beten führt ins Verderben; jede Reflexion, jede Spekulation muß geregelt und erhöht werden durch die Hingabe an Gott, durch das Gebet. Wertmäßig steht Beten unendlich hoch über dem Forschen; und darum erreichen auch ganz schlichte Leute, wie mein seliger Vater einer war, eine Höhe und innere Würde, die mit gelehrtem Forschen allein niemals erreicht werden kann‘.“ – Vgl. dazu auch, was Wust schon 1930 in einem Beitrag mit dem Titel „Menschwerdung und Menschheitsentwicklung“ sagt (Gesammelte Werke, Bd. VI, Münster 1966, 557-559): „Aber freilich, Mensch werden heißt durch Leiden vollendet werden. ... Menschwerdung, ewige Menschwerdung! Es ist ein Thema, für das ich alle meine Lebensjahrzehnte bis jetzt geopfert habe. Zuerst versuchte ich es mit der grenzenlosen Wißbegier, und dann stürzte ich aus der Nacht des anfänglichen Kinderglaubens in die so ganz andere Nacht des Zweifels. Ich wurde Philosoph, um Mensch zu werden. Aber eines Tages entdeckte ich dann, daß man erst Mensch werden müsse, um überhaupt Philosoph werden zu können. Welch ein unseliger Zirkel also: Wie aber wird man Mensch? Nicht anders, so will es mir heute scheinen, gar nicht anders, als auf dem Wege, auf dem es Gott selbst geworden

ist. Mit dem Leiden fängt es an, das Menschwerden, mit dem Leiden und dem geduldigen Bewußtsein, wie groß es ist, überhaupt leiden zu dürfen. Und was folgt dann? Nun, dann folgt der vollkommene Bruch mit dem bloßen Stolz des Wissens und der unfrommen Wissensarroganz. Dann folgt jenes ganz andere, mit dem die kleinen Menschen, die ‚kleinen' in den Augen der Welt, zu beginnen pflegen. Nach einem langen Umweg entdeckt man dann, wie wahr es ist, was Thomas von Kempen einmal gesagt hat: besser sei es, Reue zu haben, als metaphysisch das Wesen der Reue zu ergrübeln. Und dann? Ja, dann kommt schließlich das Händefalten an die erste Stelle, und alles bloße Spekulieren rückt an die zweite Stelle und immer mehr rückt es an die zweite Stelle."

Zu S. 13, Z. 10f.: „humilitas" (lat.) = Demut.

Zu S. 13, Z. 13: Die Ellipse geht auf Wust selbst zurück!

Zu S. 13, Z. 13-16: Vgl. Heinrich Seuse O.P., Das Büchlein der Ewigen Weisheit, übertragen und eingeleitet von Oda Schneider, Stein am Rhein 2. Aufl. 1987, 13. Kapitel: Vom unermeßlichen Adel zeitlichen Leidens (93-101, hier: 93-95): „Zarter Herr, nun sag mir, welches Leiden meinst du, das da so innig nütze und gut ist? Und wie begehre ich so herzlich, daß du mir davon mehr sagest, damit ich es, falls du es mir zusendest, gern und fröhlich von deiner väterlichen Hand empfange! – *Antwort der Ewigen Weisheit*: Ich meine ein jegliches Leiden, es sei freiwillig angenommen oder unfreiwillig zugefallen, wenn nur der Mensch aus der Not eine Tugend macht, indem er seiner ohne meinen Willen nicht ledig sein wollte, und es in liebender, demütiger Geduld in mein ewiges Lob einordnete. Und je williger es ist, um so edler ist es und mir um so genehmer. ... Gib Dich freiwillig in meinen Willen in allem Leiden, das ich von dir will, ohne je dies oder dies Leiden auszunehmen. Weißt du nicht, daß ich nur dein Allerbestes will, so freundlich, wie du selber? Ich bin ja die Ewige Weisheit und weiß besser, was dein Allerbestes ist. ... Was klagst du denn? Sprich zu mir also: ‚Mein allergetreuester Vater, tu mir überall, was du willst'."

Werner Schüßler

# Nachwort zu Leben und Werk des Philosophen Peter Wust

Peter Wust wird am 28. August 1884 in Rissenthal bei Losheim im Saarland, einem kleinen Ort mit seinerzeit rund dreihundert Einwohnern, als erstes von elf Kindern geboren, von denen schon fünf in frühester Jugend gestorben sind.[1] Der Vater, ein sehr religiöser Mensch, ist von Beruf Siebmacher und viel als Hausierer unterwegs, während die Mutter den kleinbäuerlichen Betrieb versieht. Von den charakterlich recht verschiedenen Eltern – auf der einen Seite der zuweilen ganz ausgelassene Frohsinn der Mutter, auf der anderen der grüblerische Vater – stammt „eine ganz merkwürdige Doppelheit“ seines Wesens. In seinen „Lebenserinnerungen“ beschreibt Wust das so: „Unter einer ewig heiteren Weltliebe, die nie Augen genug zu haben glaubte, um in vollen Zügen die ganze bunte Gestaltenfülle der Wirklichkeit in sich hineinzusaugen, bohrte und nagte bei mir stets ein gedankenschwerer Ernst, der ganz offenbar auf die väterliche Erbschaft zurückzuführen ist. Und noch heute leide ich oft unter diesem doppelten Schwergewicht meiner Seele, das sich bald nach dem metaphysischen Tiefsinn der christlichen Offenbarungswelt hinübersenkt, bald nach der ungebrochenen Daseinsfreude der Antike und der Renaissance.“[2]

Schon früh erwacht in dem Jungen ein reges Interesse für Bücher. Nach Abschluss der Volksschule im Jahre 1898 erteilt Pfarrer Johann Braun aus Wahlen Wust Lateinunterricht, um ihn für das Gymnasium vorzubereiten. Ostern 1900 besteht er die Aufnahmeprüfung für die Quarta des Friedrich-Wilhelm-Gymnasiums in Trier, und er zieht nun in das Bischöfliche Konvikt. Nach dem Wunsch der Eltern soll er später Theologie studieren und Priester werden.

Auf dem Gymnasium werden schon bald Dante, Manzoni und dann besonders Goethe zu seinen Lieblingsdichtern,[3] und es dauert nicht lange, bis der junge Mann in eine schwere Glaubenskrise gerät und das Ziel des Priesterberufs aufgibt. 1905 verlässt er schließlich als Unterprimaner das Konvikt und schlägt sich in der Stadt mit Stundengeben durch; er gilt nun bei seiner Familie als ein „Abtrünniger“, als ein „Verlorener Sohn“.[4]

Im späteren Rückblick auf seine Konviktsjahre schreibt Wust: „Ich muß es hier einmal mit aller Entschiedenheit vor der Welt bekennen, daß ich niemals in meinem späteren Leben imstande gewesen sein würde, den für lange verlorenen Pfad zum christlichen Glauben wieder aufzufinden, wenn nicht das Erlebnis dieser fünf Konviktsjahre ganz groß in meiner Erinnerung gestanden hätte. Niemals vor allem wäre ich in der Lage gewesen, gerade das Tiefste, was der Geist des Mittelalters uns geschenkt hat, nämlich die uns Heutigen ganz fremd gewordene Realität der Mystik (nicht die schwarmgeistige Trunkenheit eines zuchtlosen Mystizismus!), nachzuerleben, wenn ich nicht fünf Jahre lang in der rein christlichen Luft dieses Erziehungshauses zugebracht hätte, einer Luft, die noch ganz erfüllt war von dem unbeschreiblichen Zauber, den der Geist des dreizehnten Jahrhunderts zum Beispiel in Denker- und Heiligengestalten wie Bonaventura und Thomas der Welt darzubieten vermochte.“[5]

In dieser Zeit hegt Wust „dichterische Pläne“: So hat die Lektüre der klassischen Dichter ihn „mit dem Traum umzaubert, als wäre auch ... [seinem] Geiste die Gabe beschieden, einmal in ihren Fußstapfen zu wandeln“.[6] Neben der Philosophie ist es denn auch die Dichtung, die ihn Zeit seines Lebens fesseln sollte. Auch selbst versucht er sich immer wieder in dieser Kunst. So stammt das folgende Gedicht, das er als „Motto“ seiner Schrift „Naivität und Pietät“ von 1925 vorangestellt hat,[7] von ihm selbst – wie aus einem Brief an die Schriftstellerin Else Schmücker vom 11. August 1924 deutlich wird:[8] „Alle Gedanken münden / In tiefer Ruh. / Und alle Wünsche suchen / Ein ewiges Du. / Tief drinnen bebt es leise: / Zeit, stehe still! / Weil ich Eins ewig halten / Und lieben will.“

Man kann vielleicht sogar sagen, dass Wust auf dem Umwege über die Literatur Philosoph wurde. „Aber dann“, so sagt Wust selbst, „erwachte eines Tages der Philosoph in mir und schlug den Dichter aus dem Felde. Und doch geschah es nur mit dem Erfolg, daß von da ab der Philosoph und der Dichter fortwährend in mir selbst in Streit gerieten. ... Und doch hat der Philosoph in mir den Dichter, der immer wie eine Gefahr im Hintergrunde all seines Philosophierens gestanden hat, auch hier nicht ganz verdrängen können.“[9]

Nachdem er den Plan, Theologie zu studieren, aufgegeben hat, entschließt sich Wust nach bestandener Reifeprüfung im Jahre 1907 für ein Studium der Germanistik und Anglistik mit dem Ziel des Staatsexamens, um die Laufbahn des Gymnasiallehrers einzuschlagen. Für die ersten beiden Semester immatrikuliert er sich an der Berliner Universität. Hier ist Wust schon bald von dem Philosophen Friedrich Paulsen begeistert, der ihn „so ganz entscheidend in den Bereich der Philosophie" hinüberzieht, „daß von da ab diese Wissenschaft das große Verhängnis und das große Glück ... [seines] Lebens zugleich" wird.[10] Wust bekennt später: „Ich war von da ab so intensiv gepackt vom Geiste der Philosophie, daß eigentlich die Philologie nur so nebenbei als Brotstudium in meinem Studienprogramm eine Rolle spielte."[11] Paulsen hatte „den Blitz des ‚thaumazein', der großen Verwunderung" in Wusts Seele fallen lassen, von der er nicht mehr loskommen sollte.[12]

Im dritten Semester wechselt er an die seiner Heimat näher gelegene Universität Straßburg, wo ihn der katholische Philosophiehistoriker Clemens Baeumker, ein um die Erforschung der mittelalterlichen Philosophie besonders verdienter Mann, stark beeindruckt.[13] In dieser Zeit hält sich Wust u.a. mit der Erteilung von Privatstunden über Wasser, denn die Eltern können nicht viel zu seinem Studium beitragen.

Sein „Staatsexamen" macht er nach der damals erforderlichen Mindestzeit von sechs Semestern im Jahre 1910, worauf der frisch Vermählte – in Püttlingen hat er noch im selben Jahr Käthe Müller geheiratet – als „Seminarkandidat" an die Friedrichs-Werdersche Oberrealschule in Berlin geht, bevor er 1911 für vier Jahre als „Probekandidat" an die Oberrealschule nach Neuß am Rhein versetzt wird.[14]

Der Wechsel nach Neuß freute ihn sehr, da er, wie er bekennt, in der protestantischen Welt Berlins doch niemals so recht Wurzeln schlagen könnte. „So war ich denn endlich wieder auf heimatlichem Boden", schreibt Wust in einem Bericht aus dem Jahre 1922 über diese Zeit,[15] „unter Rheinländern und Katholiken, dazu in einer kleinen idyllischen Stadt, deren Ruhe und Behaglichkeit mir so wohltuend vorkam im Vergleich zu dem ewigen Hasten und Jagen in der Steinwüste Berlins."

In dieser Zeit wird Wust auch bewusst, dass er im Lehrerberuf nicht recht aufgeht. Daran hindert ihn zum einen „eine nie ganz zu bannende Schwermut", die „tief im Untergrund" seiner Seele sitzt, zum anderen „eine ewige geistige Ungesättigtheit und Unsättigbarkeit".[16] Und es wird ihm immer bewusster, dass auch die Wahl eines neuphilologischen Studiums mehr vom Zufall bestimmt war als von wirklichem Interesse. Ein Studium der Altphilologie hätte seinen Neigungen ohne Zweifel mehr entsprochen.[17] Aber schon bald bietet ihm die Beschäftigung mit der Philosophie, die meist bis tief in die Nacht hineinreicht, eine entsprechende Kompensation.

Der „Konflikt zwischen Brotwissenschaft und Lieblingswissenschaft“[18] führt schließlich dazu, dass er sich – neben dem Lehrerberuf – für eine Promotion in Philosophie entscheidet. „Um mir ein gewisses Ventil zu schaffen,“ schreibt Wust, „fuhr ich im Spätherbst 1911 nach Bonn und sprach mit Professor Oswald Külpe über meinen dringenden Wunsch, mich ganz intensiv mit der Philosophie neben meiner Unterrichtstätigkeit zu befassen. Er zögerte anfangs sehr, mir ein Spezialthema für irgendeine Arbeit zu geben. Aber schließlich gab er dann doch nach und beauftragte mich, die ‚Logik der Geisteswissenschaften‘ in der Philosophie John Stuart Mills, des berühmtesten Empiristen in der englischen Philosophie seit David Hume, näher zu untersuchen.“[19] 1914 wird Wust mit der Arbeit „John Stuart Mills Grundlegung der Geisteswissenschaften“ zum Doktor der Philosophie promoviert.

In der Neußer Zeit entsteht auch Wusts „Erstlingarbeit“ mit dem Titel „Die Oberrealschule und der moderne Geist“, die aber erst 1917 erscheint. Später ist er allerdings über diese Schrift gar nicht mehr froh, zeigt sie doch allzu deutlich sein Verhaftetsein in den Fesseln des Neukantianismus, von denen er sich dann aber allmählich befreit hat.[20] „Mein Bauerngemüt“, schreibt Wust rückblickend, „rebellierte nun einmal gegen eine so waghalsige Verkennung des Seins gegenüber dem bloß logischen Gelten. Und mein rheinisches Naturell lehnte sich auf gegen die frostige Unfeierlichkeit einer Philosophie, die positivistisch jede Metaphysik verleugnete.“[21]

Wust spürt schon damals, dass ihn sein ganzes Wesen hindrängt zu einer „neuen Unmittelbarkeit“, zu einer „originalen Aufrollung der ewigen Probleme selbst“.[22] Philosophen wie Georg Simmel, Ernst Troeltsch und schließlich Max Scheler sollten ihm später den entscheidenden Anstoß in dieser Richtung geben.

Im Jahre 1915 wird Wust, der nicht zum Krieg aufgrund seiner „schwächlichen körperlichen Gesundheit“ eingezogen wird, Oberlehrer am Kaiser-Wilhelm-Gymnasium in Trier.[23] Der Wechsel nach Köln, zunächst an das dortige Kaiser-Wilhelm-Gymnasium im Jahre 1921 und zwei Jahre später an das Dreikönig-Gymnasium, bedeutet für ihn eine entscheidende geistige Bereicherung, denn hier macht er schon bald die Bekanntschaft mit Max Scheler, dem Begründer der modernen philosophischen Anthropologie. Wust selbst spricht in diesem Zusammenhang von „einer völligen inneren Umwandlung“, „einer ‚Metanoia‘ größten Stiles“.[24] Die

Begegnung mit Scheler verändert sein Leben: „Damit war ein Schritt getan in eine völlig neue, in eine völlig veränderte Welt. Ich verspürte sofort, daß in den Räumen, in denen ich mich beim ersten Besuch befand, die große philosophische Achsendrehung sich vollzog, die dem ganzen Zeitalter die Wendung zum Objektiven geben sollte, – sollte, denn solche großen Ereignisse des Geistes vollziehen sich unter vielfachen Hin- und Herschwankungen, unter dauernden Rückschlägen und Wiederneuanfängen. Jedenfalls aber war für mich das große Neue darin zu suchen, daß ich in diesem Augenblick zum ersten Male dem wahrhaftigen Genius des Geistes gegenübergetreten zu sein mir bewußt wurde, dem tragischen Genius zwar, aber dem wirklichen Genius, der ganz im Bann der ‚großen Mächte' stand, der dämonisch-dunklen Mächte der Nacht und der lichtvollen Mächte des Ewigen Tages."[25]

In Scheler findet er einen Geistesverwandten, der ihn in seinen akademischen Zukunftsplänen ermutigt. In den Jahren 1921 bis 1928 kommt er mit ihm zwei- bis dreimal jede Woche zusammen. In einem Brief an Karl Pfleger bekennt er später: „Das waren, in geistiger Hinsicht, die schönsten Jahre meines Lebens."[26] Selbst als Scheler in seinem Spätwerk die Lehre von einem werdenden Gott entwickelt, ein Gedanke, den Wust nicht mehr teilen kann, weiß er sich diesem Genius doch immer noch zutiefst verbunden und verpflichtet. Es ist besonders Schelers Lehre vom Menschen und seine Philosophie der Liebe, die ihn nachhaltig beeinflusst hat.

Hat Wust noch zu Anfang Pläne, sich bei Scheler zu habilitieren,[27] so kann dieses Vorhaben doch nicht realisiert werden. Seine inzwischen auf drei Kinder angewachsene Familie – Benno wurde 1911 geboren, Else 1914 und Charlotte (Lotti) 1919 – zwingt ihn dazu, den Lehrerberuf beizubehalten, und so bleibt für eine Habilitation keine Zeit.

Einen nachhaltigen Einfluss auf sein Denken hat in diesen Jahren auch eine Paris-Reise Wusts im Mai 1928, wo er führenden Köpfen des sogenannten „Renouveau Catholique", einer katholischen Erneuerungsbewegung besonders im Bereich der Literatur, begegnet. So trifft er im Haus von Charles Du Bos u.a. mit Jacques Maritain und Gabriel Marcel zusammen, und er begegnet Männern wie Père Laberthonnière und Maurice Blondel.[28]

Drei Jahre später, am 14. Oktober 1930, wird Wust dann für ihn selbst unerwartet und gegen den Willen der Fakultät durch den Preußischen Kultusminister Adolf Grimme zum ordentlichen Professor für Philosophie an die Westfälische Wilhelms-Universität in

Münster berufen, als Nachfolger des 1929 verstorbenen Philosophen Max Ettlinger.

Schon 1924 hatte er sich Hoffnung auf eine Berufung an die Freiburger Universität gemacht. Es ging hier um die Nachfolge Joseph Geyser. Die Fakultät hatte – wie Wust in einem Brief an Else Schmücker vom 9. August 1924 schreibt – dem badischen Ministerium folgende Liste eingereicht: Platz 1: Priv.-Doz. Dr. Honecker, Platz 2: Dr. Peter Wust, allerdings „mit dem Nachteil, daß er nicht Privatdozent, mit dem Vorteil, daß er die stärkste philosophische Kraft ist".[29] Wust wird dann doch nicht berufen wegen der fehlenden Habilitation.

In seinem Dankesbrief an Kultusminister Adolf Grimme schreibt er anlässlich seiner Ernennung zum Professor für Philosophie in Münster: „Ich setze alle meine Kräfte daran, bei der mir anvertrauten Jugend den Glauben an die Macht des Geistes zu wecken."[30] Zu seinen wichtigsten Aufgaben an der Münsteraner Universität gehört es fortan, die jungen Theologen in die Philosophie einzuführen. Sein Bekanntheitsgrad wächst stetig; und so sitzen dem Professor im Auditorium Maximum bald über 400 Studierende zu Füßen, und in den Jahren nach 1933 werden es noch mehr. „Es war, als ob die Studenten fühlten, daß hier geistige Höhenluft wehte", schreibt Wilhelm Vernekohl dazu. „Obwohl Wust niemals ‚politisch' im vordergründigen Sinne wurde, waren seine Vorträge ihrem ganzen Charakter nach ein ununterbrochener und unüberhörbarer Protest gegen das ungeistige Regime. Er setzte in positiver Darstellung eine echte geistige Orientierungswelt im christlich-abendländischen Verständnis dagegen."[31] Im Nationalsozialismus sieht Wust schon vor Ausbruch des Zweiten Weltkrieges den „Antichristen"[32] am Werk. Und vor der Narkose zu seiner ersten Krebs-Operation im Jahre 1938 soll sich Wust nach einer Mitteilung von Josef Pieper noch einmal erhoben und gesagt haben: „Ich weiß nicht, ob ich wiederkehre, darum möchte ich vorher noch einmal sagen: Ich habe meine Kniee *nicht* vor Baal gebeugt."[33]

Von etwa 1905 ab – es wurde schon angedeutet – hat Wust dem christlichen Glauben ziemlich passiv gegenübergestanden: „Ich zerriß zwar nicht die Fäden, die mich äußerlich noch an die Kirche knüpften", schreibt er, „aber ich hatte im Grunde den Glauben verloren."[34] Das ändert sich, als er 1918 die Bekanntschaft mit Ernst Troeltsch macht. Wust berichtet darüber: „Bei Gegenheit einer Tagung in Unterrichtsfragen war ich am 4. Oktober 1918 zu dem berühmten Religionsphilosophen Ernst Troeltsch, mit dem ich damals im Briefwechsel stand, zu einer kurzen Aussprache unter vier Augen eingeladen worden. Tief erschüttert von der Situation der Zeit, versuchte Troeltsch damals neue Kräfte des Glaubens in mir aufsteigen zu lassen. ‚Diese äußere Niederlage, die wir jetzt erleben', so sagte er mir, ‚braucht Sie nicht zur Verzweiflung zu führen. Denn diese äußere Niederlage ist nur die konsequente Folge jener inneren Niederlage, die wir bereits seit dem Tode Hegels dauernd erleiden, insofern wir den großen alten Väterglauben an die souveräne Macht des Geistes aufgegeben haben.' Wie ein Blitzschlag durchzuckten diese Worte in jenem Augenblick meine Seele, und nun fügte Troeltsch, anspielend auf meine Glaubensnöte, die ich ihm brieflich geschildert hatte, noch die Mahnung hinzu: ‚Sie sind noch jung. Wenn Sie noch etwas für die Kräfteerneuerung unseres Volkes tun wollen, dann kehren Sie zurück zum uralten Glauben der Väter und setzen Sie sich in der Philosophie ein für die Wiederkehr der Metaphysik gegen alle müde Skepsis einer in sich unfruchtbaren Erkenntnistheorie.'“[35]

In einem Brief an den priesterlichen Freund Karl Pfleger bekennt Wust Jahre später: „Dieser 4. Oktober 1918 war das Damaskus meines bisherigen Liberalismus und meiner kantianischen Metaphysikscheu. Ernst Troeltsch hat damals in mir die Bresche in meine Skepsis geschlagen und mich wenigstens wieder zum Glauben an *so etwas* wie einen persönlichen Gott zurückgeführt.“[36]

Wust greift dieses Anliegen Troeltschs in seinem ersten größeren Werk „Die Auferstehung der Metaphysik“ von 1920 auf.[37] Die Begegnung mit Troeltsch versteht Wust als einen „ersten schweren Stoß der Gnade“, der schließlich dazu führt, dass er in den Ostertagen 1923 wieder „in die Arme der ‚Una Sancta Ecclesia'“ zurückkehrt. „Seit jenem Heimkehrtag aber war alle müde Skepsis mit einem Male hinweggefegt worden“, schreibt Wust. „Seit jenem Tage war ich wieder naiv gläubig wie ein Kind. Seitdem beschäftigte mich auch die Erscheinung der Naivität, der ich 1925 in dem Buche ‚Naivität und Pietät'[38] meine besondere Aufmerksamkeit zugewendet habe. In dieser Schrift konzentrierte sich mir das ganze tiefgreifende Kontrasterlebnis, das ich seit etwa dreißig Jahren in dem Übergang von der Ruhe der Dorfidylle zur unseligen Unruhe des städtischen Lebens immer tiefer erfahren hatte. Und dahinter steckte ja auch das ganze quälende Menschenrätsel, das in den späteren Jahren die Philosophie immer mehr in ihren Bann lockte.“[39]

In der Polarität von Naivität und Pietät sieht Wust „ein Tor, das zu den wunderbarsten Geheimnissen der Menschennatur und der

Geistesbewegung in der Menschheitsgeschichte führen konnte, wenn nur jemand den rechten Schlüssel fand, um dieses Tor zu öffnen“[40]. Das in „Naivität und Pietät“ angesprochene Thema führt Wust weiter „zu der Frage nach der ewigen Unruhe des Menschengeistes“,[41] die er in dem 1928 veröffentlichen Werk „Die Dialektik des Geistes“[42] aufarbeitet. – Es waren wohl diese drei Werke, die ihn auch ohne Habilitation berufungsfähig machten.

Im Jahre 1937 erscheint dann sein bedeutendstes Werk, geradezu eine Zusammenfassung seiner Grundgedanken, unter dem Titel „Ungewißheit und Wagnis“.[43] „‚Ungewißheit und Wagnis‘ schrieb ich 1936 in zwölf Wochen – es war eine Entladung“, heißt es in einem Brief an Karl Pfleger. „Das sind rasch vorübergleitende Optima der Gnade – hinterher bin ich ein Häuflein abgebrannter Asche.“[44]

Kurz vor Weihnachten 1937 bemerkt Wust an seinem Gaumen eine Wunde, die genau dort entstanden war, wo der Tabakdampf seiner langen Pfeife unmittelbar anschlug.[45] Im Oktober 1938 erfolgt dann eine erste Operation, nachdem eine Röntgenbestrahlung keine dauerhafte Besserung ergeben hat und eine Krebserkrankung diagnostiziert wurde. Doch schon bald darauf verschlechtert sich sein Gesundheitszustand derart, dass Wust seine Lehre an der Universität einstellen muss; am 16. Februar 1939 hält er seine letzte Vorlesung.[46]

Es erfolgen zwar noch zwei weitere Operationen, doch alles hilft nichts mehr. Auf eine Genesung scheint keine Aussicht mehr zu sein. In dieser Zeit der Krankheit überarbeitet und vollendet er noch seine Lebenserinnerungen „Gestalten und Gedanken“[47], und am 18. Dezember 1939 schreibt er das in diesem Heft abgedruckte „Abschiedswort“ an seine Studentinnen und Studenten, in dem er das Gebet und nicht die Reflexion als den „Zauberschlüssel“ bezeichnet, „der einem das letzte Tor zur Weisheit des Lebens erschließen könne“.[48]

An seine Tochter Else schreibt er noch am 22. Februar 1940 vom Krankenbett aus: „Alles wie Gott es will. Man muß so weit in der Gelassenheit kommen, daß man, wie der hl. Franz von Sales, der berühmte Bischof von Genf, es formuliert, weder etwas Angenehmes wünscht, noch etwas Unangenehmes abweist. Die Formel lautet bei ihm: ‚Ni désirer, ni refuser.‘“[49]

Am 3. April 1940 stirbt Wust qualvoll an seiner Krankheit. Auf seinem Grabstein stehen auf seinen eigenen Wunsch hin drei Verse aus der Sequenz „Dies irae“, die Thomas von Celano (1190-

1260) zugeschrieben werden: „Qui Mariam absolvisti / Et latronem exaudisti / Mihi quoque spem dedisti.“[50]

* * *

Das Werk von Peter Wust ist recht breit und vielschichtig. Für sein Denken zentral sind die Frage nach dem Menschen, die Frage nach dem Selbstverständnis der Philosophie, seine Kultur- und Zivilisationskritik sowie das Problem „Glaube und Vernunft“.[51] Im Rahmen dieses Nachwortes möchte ich mich auf den letzten Aspekt beschränken, da dieser auch im Zentrum des „Abschiedswortes“ steht.

Das Problem „Glaube und Vernunft“, das heute angesichts fundamentalistischer Tendenzen innerhalb der verschiedenen Religionen wieder an Aktualität gewinnt,[52] hat Wust Zeit seines Lebens nicht losgelassen. Ganz auf dieser Linie liegt auch ein „schriftliches Gespräch“ mit Wust, von dem Augustin Borgolte zu berichten weiß und das zwei Monate nach Abfassung des „Abschiedswortes“, am 28. Februar 1940 stattfand,[53] einem Zeitpunkt also, wo Wust durch die Krankheit schon nicht mehr in der Lage war zu sprechen. Den Schluss dieses schriftlichen Gespräches bildeten Borgolte zufolge die beiden folgenden Sätze: „Die Philosophie schließt nur eine Nebenpforte auf zum Zentrum des Lebens. Der goldene Schlüssel zur porta aurea vitae ist einzig und allein das Gebet.“[54]

Wusts „Abschiedswort“ wurde immer wieder ins Zentrum seines Denkens gestellt, aber es muss hier auch kritisch angemerkt werden, dass dies nicht gerade zum *philosophischen* Renommee des Denkers beigetragen hat – eher im Gegenteil. Denn es wurde nicht selten als Kapitulation der Philosophie vor dem Glauben gedeutet, als ein „sacrificium intellectus“, d.h. als ein Opfer der Vernunft.

So spricht beispielsweise Wilfried Kuckartz in seinem Beitrag „Die Idee einer metaphysischen Grundlegung der Pädagogik nach Peter Wust“ von der „theologischen Metaphysik“ Wusts.[55] Und auch der Wust-Schüler Karl Delahaye spricht von dessen „*theologischer* Philosophie“, von „christlicher Philosophie, reflektiertem Glauben“.[56] Wusts Denken – so Delahaye – sei durchgängig religiös und d.h. von Glauben und Theologie bestimmt. „Der beste Beweis dafür ... [sei] als Fazit seines Lebens wie seines Denkens der ‚Abschiedsbrief‘..., der einer Preisgabe des Philosophierens im Angesichte des Glaubens“ gleichkomme.[57] Dieses Abschiedswort mache deutlich, dass Wusts Philosophie „allein vor dem Hintergrund der christlichen Theologie richtig gesehen werden" könne, ja sie sei „in ihrem innersten Wesen Theologie".[58] Die Philosophie Wusts ist für Delahaye darum „von Grund auf und in allen ihren Teilen dogmatische Philosophie, Weltanschauungsphilosophie, christliche Philosophie"[59], die „von einer sicheren Glaubensbasis aus das Ganze Gottes, des Menschen und der Welt in den Griff zu bekommen trachtet".[60]

In seinem Vorlesungsmanuskript „Der Mensch und die Philosophie" geht Wust explizit auf das Verhältnis von Glaube und Vernunft bzw. Philosophie ein. Hier heißt es u.a.: „Die unmittelbare Nachbarschaft zwischen Philosophie und Religion oder, konkreter gesprochen, zwischen Spekulation und Gebet, mag zwar dem *heutigen Geschlecht* als etwas Überlebtes oder vielleicht sogar als etwas Absurdes erscheinen. Aber damit ist die aus dem Wesen der Sache sich ergebende Verwandtschaft zwischen diesen beiden Geistesbereichen noch lange nicht widerlegt."[61] Wust verweist in diesem Zusammenhang auf Sokrates, Platon, Plotin, Augustin, Bonaventura und Thomas, und er macht zu Recht darauf aufmerksam, dass die Philosophie bekanntlich gerade im mittelalterlichen Denken freiwillig die Rolle übernommen habe, „eine *Dienerin und Wegbereiterin des Glaubens* zu sein".[62]

Auf der anderen Seite verkennt Wust aber auch nicht die „*wesensmäßige Distanz*" zwischen Philosophie und Religion, „eine Distanz, die *schlechthin unüberbrückbar* ist, und die von Zeit zu Zeit in der Geistesgeschichte als eine akute Spannung zwischen Wissen und Glauben fühlbar wird".[63] Diesen Gegensatz sieht er wesentlich darin begründet, „daß die Philosophie wesensgemäß im Geistesakt der ‚reflexio', die Religion wesensgemäß im Geistesakt der ‚devotio' zentriert ist".[64]

Aber der Philosoph ist immer auch Mensch, d.h. es geht nicht nur um Theorie. „Denn so notwendig auch der ‚reflexio'-Akt des Geistes für die wahrhafte Menschwerdung sein mag," schreibt Wust, „so muß doch mit allem Nachdruck betont werden, daß Reflexion und philosophische Spekulation ein reiner und *entbehrlicher Luxus* sind im Hinblick auf die letzten Aufgaben des Menschen, weil schließlich nicht das Wissen den Menschen als Menschen vollendet, sondern nur die Liebe."[65] „Denn ein Mensch kann als Mensch niemals nach dem gewertet und niemals an dem gemessen werden, was er und wieviel er weiß, sondern nur nach dem, was er liebt und in welchem Maße er zu letzter Liebe fähig und bereit ist."[66] Es geht also immer um den „ganzen" Menschen!

Mit Blick auf Tertullian[67], Pascal[68] und Kierkegaard schreibt Wust: „Wenn nämlich der Mensch zur existentiellen Glaubensentscheidung aufgerufen ist, wenn er, wie Kierkegaard es darstellt, wählen soll zwischen dem Lehrer Sokrates oder dem Lehrer Christus, dann erlebt er *in gewissem Sinne den Bankrott der philosophierenden Vernunft*. Das braucht aber *keineswegs* den Verzicht auf das natürliche Licht der Vernunft zu bedeuten. Es bedeutet *vielmehr* die relative Bedeutungslosigkeit der philosophierenden Vernunft im Hinblick auf die zentrale Aufgabe, die der Mensch als gottgebundenes Wesen (‚homo religiosus') zu lösen hat. Im Anblick des *Todes und* im Blick auf das *Kreuz* ist *alle Philosophie ein enbehrlicher Luxus*, dem der Mensch entsagen muß, wenn es das Gesetz der Liebe notwendig machen sollte."[69]

Hat die Philosophie es mit der Vernunft zu tun, so der Glaube wesentlich mit der Liebe. Hier denkt Wust zuerst einmal an die Liebe im Sinne der neutestamentlichen Agape, die von oben, von Gott kommt, und weniger an die Liebe im Sinne des platonischen Eros, der den Menschen zum Göttlichen treibt.

Das führt weiter zu der Frage einer „christlichen Philosophie", ein Thema, das Wust in einem Beitrag mit dem Titel „Zum Begriff einer christlichen Philosophie" aus dem Jahr 1932 aufgreift – und das im Rahmen einer Erwiderung auf einen Beitrag von Hermann Zeltner, der ihm vorgeworfen hat, dass er als Philosoph zu sehr dem Christentum und als Christ zu sehr der Philosophie, d.h. der Reflexion, Zugeständnisse gemacht habe und „damit gewissermaßen zwischen zwei Stühle geraten sei".[70]

Für Zeltner ist eine „christliche Philosophie" eine „contradictio in adjecto", also ein Widersinn.[71] Wust antwortet in einem ersten Anlauf hierauf historisch: Es habe schließlich Denker gegeben, die zugleich Christen und Philosophen gewesen sind, wie z.B. Augustinus, Bonaventura, Thomas. Aber solche Fakten beweisen natürlich letztlich nichts, was Wust auch selber weiß. In einem zweiten Schritt beantwortet er darum die Frage systematisch: Eine christliche Philosophie ist für Wust nicht nur möglich, „sondern alle *außerchristliche* Philosophie, d.h. alle Philosophie an sich, tendiert geradezu auf das Ziel hin, christliche Philosophie zu *werden*, in der christlichen Philosophie sich *als Philosophie* zu vollenden".[72] Das ist natürlich eine sehr gewagte These, die den Widerspruch nicht nur von Seiten der Philosophie geradezu heraufbeschwört.[73]

Wust verweist in diesem Zusammenhang auf die beiden neutestamentlichen Parabeln vom verlorenen Sohn und von den Arbeitern im Weinberg. Und er bermerkt dazu: „Es ist wirklich *Gott allein*, der ruft, und Gottes Geist ‚wehet wo Er will'. Aber Er weht trotz allem nach den Sinngesetzen einer höchsten, *absoluten Vernunft*. Vor diesen Sinngesetzen aber können *wir* nur schweigen, indem wir kindlich die Hände falten und ohne Reflexion, ja, ohne jegliche menschliche Prätention *beten*: Herr, nicht unser Wille, sondern nur *Dein* allheiliger Wille geschehe, ‚wie im Himmel also auch auf Erden!' ... Dieses Gebet begräbt dann in sich alle Reflexion, aber ohne sie ‚usque ad nihilum' auszutilgen, in der einen christlichen Urtugend der *frommen Gelassenheit*."[74]

Das „*Schweigen der Reflexion*" will Wust allerdings nicht als „Schweigen eines blinden Irrationalismus" verstanden wissen, sondern in dem Sinne, dass die Reflexion nicht überhaupt schweigt, sondern nur „am rechten Ort" – wie er sich ausdrückt. Denn alles andere wäre „geistiger Selbstmord" bzw., wenn Gott dieses von uns forderte, „ein metaphysischer Geistesmord".[75] Vernunft und Freiheit werden also hier von Wust nicht verabschiedet. Aber wenn der Sprung dann einmal getan ist, hat die Reflexion vor den Glaubensmysterien zu schweigen. Der Mensch soll dann nach Wust „seiner *endlos* fragenden Vernunft vor gewissen letzten Dunkelheiten Schweigen auflegen und jetzt lieber beten als immer bloß reflektieren".[76]

Es ist das Problem von „Glaube und Vernunft", das Wust nicht zur Ruhe kommen lässt und ihn mit Augustinus in eine tiefe Unruhe-Situation versetzt – wohl darum auch seine Vorliebe für diesen „Vorläufer" existenzphilosophischen Denkens und ersten „modernen" Menschen. Wusts Leben und Denken lässt sich so insgesamt unter das bekannte Augustinus-Wort stellen: „Fecisti nos ad Te, Deus, et inquietum est cor nostrum, donec requiescat in Te."[77]

In seiner Schrift „Naivität und Pietät" kommt er auch im „Vorwort" eigens auf dieses Wort zu sprechen, und er bekennt hier: „Oft genug hatte ich es zwar bis dahin gehört, aber leider ohne die tiefe Erfahrungsresonanz, die es jetzt [1925] plötzlich erhielt."[78] Diese „Unruhe des Herzens" ist „das antreibende Element" von Wusts lebenslangem Suchen nach der Wahrheit. Und dieses Suchen hat ihn zeitweise sogar hinausgetrieben in den Unglauben, in den Bereich der säkularen Welt. Ein zweites Wort, das er ebenfalls im „Vorwort" zu „Naivität und Pietät" zitiert, und das das Wort Augustins geradezu ergänzt, ist ein Wort von Fichte, das dieser 1795 in einem Brief an Friedrich Jakobi gerichtet hat: „Wir fingen an zu philosophieren aus *Übermut*, ... und wir brachten uns dadurch um unsere Unschuld; wir erkannten dann unsere Nacktheit, und seitdem philosophieren wir aus *Not* für unsere Erlösung."[79]

In dieser hier zum Ausdruck kommenden Spannung ist auch das „Abschiedswort" anzusiedeln. Dabei geht es Wust nicht um eine *unauflösliche* Spannung zwischen Glaube und Vernunft, wie sie beispielsweise in einem Wort des späten Martin Heidegger zum Ausdruck kommt, wo es heißt: „Man denkt *oder* man glaubt, denn mit dem Glauben ist die Antwort da."[80] Wusts „Abschiedswort" darf so nicht verstanden werden, denn genau das bedeutete ein „sacrificium intellectus", ein Opfer der Vernunft, dem Wust aber gewiss nicht zustimmen würde, da er doch dafür zu sehr Philosoph ist – entgegen der Auffassung so mancher Wust-Interpreten.

Denn das Gebet, dieser Grundakt des Glaubens,[81] das weiß auch Wust, hat immer auch etwas mit Vernunft zu tun. Zwar müssen wir nicht philosophisch gebildet sein, um richtig beten zu können, aber implizit fließen auch hier immer schon philosophische Momente mit ein. Und darum ist dieses Wort zum Gebet eben nicht im Sinne eines „sacrificium intellectus" zu lesen, sondern einfach als Selbstzeugnis des *Menschen* Peter Wust, der den Tod vor Augen hat. Und hier, im Angesicht des Todes, ist der Grenzpunkt erreicht, „an dem Weisheit und Wissenschaft zum Schweigen verurteilt sind, und an dem nichts mehr bleibt als die Liebe – die Urrealität des Lebens".[82]

Ganz in diesem Sinne ist auch das bekannte Wort Wusts, mit dem ich diesen Beitrag abschließen möchte, zu lesen: „Ich wurde Philosoph, um Mensch zu werden. Aber eines Tages entdeckte ich dann, daß man erst Mensch werden müsse, um überhaupt Philosoph werden zu können."[83]

## Anmerkungen

[1] Vgl. Peter Wust, Gesammelte Werke, hrsg. von Wilhelm Vernekohl, 10 Bde., Münster 1963-1969, Bd. V, 65. – Im Folgenden abgekürzt: GW (mit Band- und Seitenangabe).
[2] GW V, 72f.
[3] Vgl. GW V, 232.
[4] GW V, 242.
[5] GW V, 205f.
[6] GW V, 220.
[7] GW II, 24.
[8] Unveröffentlicht: Peter-Wust-Archiv CEB Merzig-Hilbringen.

[9] GW VII, 23.
[10] GW V, 242.
[11] Ebd.
[12] GW V, 243.
[13] Vgl. ebd.
[14] Vgl. GW V, 245.
[15] GW VIII, 18.
[16] GW VIII, 20.
[17] Vgl. GW VIII, 21.
[18] GW V, 243.
[19] GW V, 247.
[20] Vgl. GW VIII, 22.
[21] GW VIII, 23.
[22] Ebd.
[23] GW VIII, 27.
[24] GW V, 246.
[25] GW V, 250f. – Vgl. Wege einer Freundschaft. Briefwechsel Peter Wust – Marianne Weber 1927-1939, hrsg. von W. T. Cleve, Heidelberg 1951, 130-133.
[26] Brief vom 7.8.1935, in: K. Pfleger, Dialog mit Peter Wust. Briefe und Aufsätze, Heidelberg 1949, 28.
[27] Vgl. GW VII, 440f.
[28] Vgl. dazu Wusts „Pariser Rechenschaft": GW VII, 166-179.
[29] Unveröffentlicht: Peter-Wust-Archiv CEB Merzig-Hilbringen.
[30] GW VIII, 83.
[31] GW VIII, 74f.
[32] GW VIII, 90.
[33] GW VIII, 93.
[34] GW V, 252.
[35] GW V, 252f.
[36] Brief vom 18.11.1935, in: K. Pfleger, Dialog mit Peter Wust, a.a.O. (Anm. 26), 82f.
[37] Vgl. GW I
[38] Vgl. GW II.
[39] GW V, 253f.
[40] GW V, 255.
[41] Ebd.
[42] Vgl. GW III/1 u. III/2.
[43] Vgl. P. Wust, Ungewißheit und Wagnis. Neu herausgegeben im Auftrag der Peter-Wust-Gesellschaft von W. Schüßler u. F. W. Veauthier. Einleitung und Anmerkungen von W. Schüßler (= Edition Peter Wust. Schriftenreihe der Peter-Wust-Gesellschaft, hrsg. von H. Hoffmann und W. Schüßler, Bd. 1), Münster 2002.
[44] Brief vom 20.4.1938, in: K. Pfleger, Dialog mit Peter Wust, a.a.O. (Anm. 26), 252.
[45] Vgl. GW VIII, 115; K. Pfleger, Dialog mit Peter Wust, a.a.O. (Anm. 26), 244 u. 250.
[46] Vgl. GW VIII, 116.
[47] Vgl. GW V, 41-257.

[48] Siehe oben S. 12f.
[49] GW VIII, 118. Vgl. Franz von Sales (1567-1622), Dernier entretien (1622), in: Ders., Œuvres, hrsg. von A. Ravier, Paris, 1969, 1304-1319, hier: 1308: „C'est le meilleur de ne rien désirer et ne rien refuser." („Das ist das beste: nichts wünschen und nichts zurückweisen.") – Vgl. K. Pfleger, Dialog mit Peter Wust, a.a.O. (Anm. 26), 285.
[50] „Hast erlöset einst Marien, hast dem Schacher dann verziehen, hast auch Hoffnung mir verliehen."
[51] Vgl. dazu W. Schüßler, Die Aktualität der Philosophie Peter Wusts, in: Trierer Theologische Zeitschrift 114/1 (2005) 1-10.
[52] So hat z.B. Jürgen Habermas anlässlich der Verleihung des Friedenspreises des Deutschen Buchhandels im Jahre 2001 zu diesem Thema Stellung genommen (vgl. ders., Glauben und Wissen. Friedenspreis des Deutschen Buchhandels 2001, Frankfurt/M. 2001), ebenso Papst Benedikt VI. in seiner „Regensburger Rede" aus dem Jahre 2006.
[53] A. Borgolte, Ein Wort zum Gedächtnis des Philosophen, in: P. Wust, Der Mensch und die Philosophie. Einführung in die Hauptfragen der Existenzphilosophie. Mit einem Vorwort und Nachwort des Herausgebers A. Borgolte, Münster 1947, 117-146, 146 Anm. 56.
[54] Ebd., 138.
[55] GW VIII, 411-460, 431.
[56] GW VIII, 168.
[57] GW VIII, 176.
[58] GW VIII, 389.
[59] GW VIII, 391; vgl. 405.
[60] GW VIII, 409.
[61] GW IV, 413f.
[62] GW IV, 414.
[63] GW IV, 415.
[64] Ebd.
[65] GW IV, 415f.
[66] GW IV, 416.
[67] Tertullian wird ja fälschlicherweise immer noch mit diesem historisch nicht nachweisbaren Satz in Verbindung gebracht: „Credo quia absurdum." („Ich glaube, weil es widersinnig ist.")
[68] Von Pascal stammt ja bekanntlich der Satz: „‚Gott Abrahams, Gott Isaaks, Gott Jakobs', nicht der Philosophen und Gelehrten. Gewißheit, Gewißheit, Empfinden: Freude, Friede. Gott Jesu Christi" (B. Pascal, Pensées/Über die Religion und über einige andere Gegenstände, übers. u. hrsg. von E. Wasmuth, Heidelberg 8. Aufl. 1978, 248). – Wobei es Pascal hier aber nicht um einen unversöhnlichen Gegensatz zwischen dem Gott der Philosophie und dem Gott der Religion geht, sondern er möchte damit nur auf die je unterschiedlichen Intentionen aufmerksam machen, die mit der jeweiligen Gottesvorstellung verbunden sind. Suche ich hier „Erkenntnis", so suche ich dort „Heil".
[69] GW IV, 417.

[70] P. Wust, Zum Begriff einer christlichen Philosophie. (Eine Erwiderung an Hermann Zeltner.), in: Catholica. Vierteljahresschrift für Kontroverstheologie 1 (1932) 37-44, 37.
[71] Ebd.
[72] Ebd., 38.
[73] In einem Brief an Graf Hermann Keyserling vom 12.6.1924 heißt es ähnlich: „Mir ist das Phänomen des Christentums in seiner *Absolutform* sichtbar geworden, und ich sehe, wie alle Weisheitsformen der Erde auf seine Gestalt hin konvergieren. Man wird also in Zukunft von mir sagen: *ein neues Opfer des Ultramontanismus*. Ich kann nichts daran ändern. Ich wäre unehrlich, wenn ich in so wichtigen Punkten mich an das Urteil der Welt stören wollte. Die Keuchheit des Philosophen besteht in seiner Unbestechlichkeit. Es mag sein, daß ich mich irre, gut. Aber ich kann vorläufig diesen Irrtum nicht sehen, und so bin ich gehalten, der Stimme meiner Vernunft zu folgen." (GW VIII, 34)
[74] P. Wust, Zum Begriff einer christlichen Philosophie, a.a.O. (Anm. 70), 42f.
[75] Ebd., 43.
[76] Ebd., 44.
[77] Augustinus, Confessiones, I 1,1: „Auf Dich hin hast Du, Gott, uns geschaffen, und unruhig ist unser Herz, bis es ruht in Dir."
[78] GW II, 31.
[79] Ebd.
[80] M. Müller, Martin Heidegger – ein Philosoph und die Politik. Ein Gespräch, in: G. Neske/E. Kettering (Hrsg.), Antwort. Martin Heidegger im Gespräch, Pfullingen 1988, 190-220, 214.
[81] Vgl. W. Schüßler/A. J. Reimer (Hrsg.), Das Gebet als Grundakt des Glaubens, Münster 2004.
[82] H. J. Baden, Peter Wust, der Philosoph unter dem Kreuz, in: Neue Zeitschrift für Systematische Theologie 2/2 (1960) 160-173, 172.
[83] GW VI, 558. – Vgl. auch, was Wust in einem Brief an Karl Pfleger vom 28.7.1935 schreibt: „Als Philosoph wollte ich leben und starb darüber als Mensch und nun lerne ich es, daß man als Philosoph zuerst sterben muß, sterben zu den Füßen des Heilandes am Kreuze, um so erst, in der Gnade, als Mensch wiederauferstehen zu können." (K. Pfleger, Dialog mit Peter Wust, a.a.O. [Anm. 26], 13)

# Literaturhinweise

## 1. Werke Peter Wusts

Peter Wust, Gesammelte Werke, hrsg. von W. Vernekohl, 10 Bde., Münster 1963ff.

Bd. I: Die Auferstehung der Metaphysik [Erstpubl. 1920], Münster 1963.

Bd. II: Naivität und Pietät [Erstpubl. 1925], Münster 1964.

Bd. III/1 u. 2: Die Dialektik des Geistes [Erstpubl. 1928], Münster 1964.

Bd. IV: Ungewißheit und Wagnis [Erstpubl. 1937]. Der Mensch und die Philosophie [Erstpubl. 1946], Münster 1965.

Bd. V: Gestalten und Gedanken [Erstpubl. 1940]. Die Rückkehr aus dem Exil [Erstpubl. 1926], Münster 1965.

Bd. VI: Weisheit und Heiligkeit. Vorträge und Aufsätze [Erstpubl. 1922-1934], Münster 1966.

Bd. VII: Aufsätze [Erstpubl. 1922-1940] und Briefe [Erstpubl. 1949-1965], Münster 1966.

Bd. VIII: Peter Wust – Leben und Werk. Biographische Notizen – Die Philosophie – Bibliographie, Münster 1967.

Bd. IX: Briefe von und nach Frankreich, hrsg. von J. Bendiek und H. A. Huning, Münster 1967.

Bd. X: Vorlesungen und Briefe, hrsg. von A. Huning. Gesamtregister zu den „Gesammelten Werken“ I-X, bearb. von O. Höfling, Münster 1969.

Das *Hauptwerk* liegt inzwischen in einer *Neuausgabe* vor, die auf die Erstauflage von 1937 zurückgreift:

Peter Wust, Ungewißheit und Wagnis. Neu herausgegeben im Auftrag der Peter-Wust-Gesellschaft von W. Schüßler u. F. W. Veauthier. Einleitung und Anmerkungen von W. Schüßler (= Edition Peter Wust. Schriftenreihe der Peter-Wust-Gesellschaft, hrsg. von H. Hoffmann u. W. Schüßler, Bd. 1), Münster 2002 (2. Aufl. 2007).

## 2. Bibliographien

Langenfeld, L., Peter-Wust-Bibliographie, in: Peter Wust, Gesammelte Werke, hrsg. von W. Vernekohl, Bd. VIII, Münster 1967, 461-517.

Schüßler, W., Artikel „Wust, Peter“, in: Biographisch-bibliographisches Kirchenlexikon, hrsg. von F. W. Bautz, fortgef. von T. Bautz, Bd. 14, Herzberg 1998, 193-200, hier: 194-200.

## 3. Sekundärliteratur in Auswahl

Baden, H. J., Peter Wust, der Philosoph unter dem Kreuz, in: Neue Zeitschrift für Systematische Theologie 2/2 (1960) 160-173.

Beck, H., Existenz in Freiheit. Geborgenheit als Ungeborgenheit, in: Wissenschaft und Weltbild 23 (1970) 304-313.

Blattmann, E. (Hrsg.), Peter Wust. Aspekte seines Denkens. F. Werner Veauthier zum Gedächtnis (= Edition Peter Wust. Schriftenreihe der Peter-Wust-Gesellschaft, hrsg. von H. Hoffmann u. W. Schüßler, Bd. 2), Münster 2004.

Ders., Peter Wust als Denker und Leser des Bösen, Frankfurt/M. 1994.

Delahaye, K., Christliche Anthropologie. Eine Einführung in das Denken Peter Wusts, Münster 1967. – Auch erschienen unter dem Titel: Die Philosophie Peter Wusts als christliche Anthropologie, in: Peter Wust, Gesammelte Werke, hrsg. von W. Vernekohl, Bd. VIII, Münster 1967, 151-410.

Ders., Offenbare und geoffenbarte Wahrheit. Über den Zusammenhang von Erkennen und Glauben, in: Wissenschaft und Weisheit 13 (1950) 34-47.

Feiereis, K., Voraussetzungen natürlicher Theologie. Eine Rückbesinnung auf Peter Wust, in: Dienst an der Vermittlung. Festschrift zum 25jährigen Bestehen des Philosophisch-theologischen Studiums im Priesterseminar Erfurt, hrsg. von W. Ernst u.a., Leipzig 1977, 375-393.

Huning, A., Edith Stein und Peter Wust. Von der Philosophie zum Glaubenszeugnis, Münster 1969.

Kuckartz, W., Die Idee einer metaphysischen Grundlegung der Pädagogik, in: Peter Wust, Gesammelte Werke, hrsg. von W. Vernekohl, Bd. VIII, Münster 1967, 411-460.

Leenhouwers, A., Ungesichertheit und Wagnis. Die christliche Weisheitslehre Peter Wusts in ihrer philosophischen und existentiellen Deutung, Essen 1964.

Lenz, R. F., Die dialogische Struktur der Ungeborgenheit. Eine metaphysisch-existentielle Betrachtung über die Situation des Menschen im Ausgang von Peter Wust, Bamberg 1972.

Lohner, A., Gewißheit im Wagnis des Denkens. Die Frage nach der Möglichkeit von christlicher Philosophie und Metaphysik im Werk und Denken des Philosophen Peter Wusts. Eine Gesamtdarstellung seiner Philosophie, Frankfurt/M. 1990. – Die 2. Aufl. erschien unter dem Titel: Peter Wust: Gewißheit und Wagnis. Eine Gesamtdarstellung seiner Philosophie, Paderborn 1995.

Marcel, G., Die Pietät nach Peter Wust, in: Ders., Werkauswahl, hrsg. von P. Grotzer u. S. Foelz, Bd. III: Unterwegssein, Paderborn 1992, 149-166.

Rest, W. (Hrsg.), Peter Wust. Reflexionen und Vorträge zum 50. Todestag des Philosophen, Münster 1991.

Röbel, M., Staunen und Ehrfurcht bei Peter Wust, Diss. Trier 2007.

Scherer, B., Ein moderner Mystiker. Begegnung mit Peter Wust, Würzburg 1973.

Schüßler, W., Die Aktualität der Philosophie Peter Wusts, in: Trierer Theologische Zeitschrift 114/1 (2005) 1-10.

Ders., Die Ungesichertheit des Menschen und die Philosophie, in: Lehrer und Schule heute. Zeitschrift des Saarländischen Lehrerinnen- und Lehrerverbandes e.V. 51/1 (2000) 8-10.

Veauthier, F. W., Kulturkritik als Aufgabe der Kulturphilosophie. Peter Wusts Bedeutung als Kultur- und Zivilisationskritiker, Heidelberg 1998.

Ders., Peter Wust, in: P. Neumann (Hrsg.), Saarländische Lebensbilder, Bd. II, Saarbrücken 1984, 271-305.

Vernekohl, W., Peter Wust. Biographische Notizen, in: Peter Wust, Gesammelte Werke, hrsg. von W. Vernekohl, Bd. VIII, Münster 1967, 7-148.

Westhoff, H., Peter Wust: Christliches Existenzbewußtsein, in: J. Speck (Hrsg.), Grundprobleme der großen Philosophen. Philosophie der Gegenwart V: Jaspers – Heidegger – Sartre – Camus – Wust – Marcel, Göttingen 1982, 178-212.

Ders., Peter Wust (1884-1940), in: E. Coreth u.a. (Hrsg.), Christliche Philosophie im katholischen Denken des 19. und 20. Jahrhunderts, Bd. III, Graz 1990, 112-128.

## Edition Peter Wust

Schriftenreihe der Peter Wust-Gesellschaft
hrsg. von Herbert Hoffmann und Werner Schüßler

Ekkehard Blattmann (Hg.)
**Peter Wust – Aspekte seines Denkens**
F. Werner Veauthier zum Gedächtnis
Der Philosoph PETER WUST (1884 – 1940) zählt zu den großen Denkern christlicher Existenzphilosophie. Dieser Band arbeitet zunächst die Grundzüge von Wusts Denken heraus. Zur Sprache kommen sodann seine Kant-Rezeption sowie die Nähe und Ferne zu Gabriel Marcel und zur Kritischen Theorie der Frankfurter Schule. Weitere Schwerpunkte liegen auf Wusts Kulturphilosophie, auf der Insecuritas-Situation und auf der Formung seines Frankreichbildes.
Bd. 2, 2004, 304 S., 29,90 €, gb., ISBN 3-8258-7816-3

LIT Verlag Berlin – Hamburg – London – Münster – Wien – Zürich
Fresnostr. 2 48159 Münster
Tel.: 0251 / 620 32 22 – Fax: 0251 / 922 60 99
e-Mail: vertrieb@lit-verlag.de – http://www.lit-verlag.de